1

Also by **Ivy Press Princeton**

Forbidden Sea
Scars
by Blaga Dimitrova

Cry of a Former Dog
Capriccio for Goya
by Konstantin Pavlov

Frost Flowers
by Alexander Shurbanov

Memory of a Dream
by Danila Stoianova

Secret Senses
by Edvin Sugarev

Kaleidoscope
by Edvin Sugarev

Indra's Web
by Edvin Sugarev

Помни смъртта

Remember Death

BULGARIAN POETRY IN TRANSLATION, VOL. 11
EDITED BY LOIS MARIE HARROD

Remember Death

Poems by
Edvin Sugarev

Translated from the Bulgarian
by Ludmilla Popova-Wightman

IVY PRESS PRINCETON
16 Balsam Lane,
Princeton, NJ 08540

Tel.: (609) 933-7779
http://ivypressprinceton.com

ISBN 978-1-930214-11-8

I. Тибетски знамена

I. Tibetan flags

* * *

почакай още мъничко
сърце

и кафеза ти
сам ще отключа

* * *

wait a bit more
heart

I will unlock your cage
myself

Трайност

камъни
огладени и черни

лекотата на вълните ги създава

лекотата винаги е трайна
и мимолетното съгражда
вечността

Endurance

stones smooth
and black

created by the light touch
of waves

ease always endures
evanescence builds
eternity

Битие

целият ни живот е
привикване към смъртта
опитомяване на мисълта за нея

накрая ще се предадем
разбира се

ала пътят дотам
осеян с най-щурите криволици
с най-шантавото обикаляне в кръг
с най-налудното лутане

наричаме битие

Being

our whole life
is getting used to death
taming the thought of it

at the end we will surrender
of course

but the way there
littered with the craziest curves
with the goofiest going in a circle
with the maddest meandering

we call being

Ом мани падме хум

тибетски знамена под вятъра трептят
и краищата им разнищени изръсват
смисъла на мантрите свещени

изтръгват се конче подир конче
и мантрата докрай се изличава
става вятър става прах и нищота

и диамантът в лотоса
покълва

Om mani padme hum

Tibetan flags flutter in the wind
and their unraveled ends drop
the meanings of the sacred mantras

pulled out strand by strand
and the mantra is erased completely
becomes wind becomes dust and nothing

and a diamond sprouts
in the lotus

Достатъчно

мрачнее времето към края на септември

и доминира сиво над зазидания свод
и четката мъгла размътва гледката

само една избухнала в злато топола
не иска да се предаде на сивотата

пренасям я мислено в континентите
на вътрешните пейзажи

там има достатъчно светлина
и достатъчно място за слитане

Enough

the weather becomes darker towards the end of September

and gray dominates over the walled vault
with a brush the fog blurs the view

only a poplar turned gold
does not surrender to the gray

I carry that tree in my thoughts to the continents
of internal landscapes

there is enough light there
and enough place to make the landing

Носталгично

тъжно време
някъде следобед
котката мъгла присяда зад стъклата
мушкатото обесва нос линее
светлината в стаите и стихналите улички

време е да се отвориш като скърцаща врата
и да затътриш стъпала по стълбите препречени от паяжини
време е да стигнеш дъното на себе си и да приседнеш там
както мечок охранен за зимен сън присяда

време е да се повиеш да се вкакавидиш
време за летаргии за давене сред наслоените носталгии
време за отвръщане за мълчаливи безразличия
за вслушване в несъстоялото се минало
и за долавяне на вечното клепало:
кой ... къде... какво... защо живяхме тук

Nostalgic

a sad time
in the afternoon the fog cat sits behind the window
a geranium wilts
the light fades in the rooms and quiet streets

it is time to open ourselves like a squeaking door
and to shuffle down stair steps blocked by webs
it is time to reach the bottom of being and sit down
like a well-fed bear ready to hibernate

it is time to swaddle ourselves in a cocoon
it is time to drown lazily in layered nostalgias
time to withdraw time for silent indifference
to listen closely to a past that never happened
and catch the eternal bell:
who . . . where . . . what . . .why did we live here

Стига ми

спомням си изкачването на Сток Кангри
умората наливаше в обувките олово
жестокото слънце
залепяше пиявици върху лицето ми
ядеше ме предчувствие
че ще се срина всеки миг
в тази или онази пропаст

когато все пак стигнахме върха
водачът шерп запя ритуална песен
а аз просто се огледах
Хималаите светеха
с хиляда върхове до дъното на погледа

а този поглед бе безкраен
стига ми
след толкова години в изтощаващия свят

It is enough

I remember the climb to Stok Kangri
fatigue poured lead into my shoes
the cruel sun
stuck leaches to my face
a premonition that I was going
to fall into one or other ravine
needled me

nevertheless when we reached the summit
the leader sherpa began to sing a ritual song
I simply looked around
the shining Himalayas filled my view
with one thousand peaks

and this view was endless
it was enough for me
after so many years in this exhausting world

Убежище

лесно е да поемеш дъх
само да не забравиш

ти си всъщност убежище
и въздухът
те обитава

Shelter

it is easy to breathe in
only don't forget

you are the shelter
and air
inhabits you

* * *

пада дъжд
загръща просяци и сгради

моята любов загръща
твоята любов

общ е плащът
в диплите се търсим

и понякога се намираме
а понякога
не

* * *

rain falls
wraps beggars and buildings

my love wraps
your love

we share a cape
search in the folds

sometimes we find each other
and sometimes
we don't

Опит за определение

да оставиш линиите на ръцете ти да продължат
в пукнатините зеещи на старата земя

да следваш Дон Кихот не достопочтения Сервантес
и да нападаш кръжащия супермаркетен ад

да браниш детството като последна крепост
от връхлитащите орди на годините

да избродиш върховете и пустините
търсейки Светия Граал на нежността

с гущерчето да обсъждаш на камъка
                                                словата
додето тътенът на врявата премазва като валяк

поезията е да си останеш омагьосан
сред разомагьосания свят

An attempt at definition

to let the lines on your hands extend
to the gaping cracks of the aging earth

to follow Don Quixote not the revered Cervantes
and to attack the shopping mall's circle of hell

to defend childhood as the last fortress
from the swooping hordes of years

to roam peaks and deserts
searching for the Holy Grail of tenderness

to discuss a stone's words with a little lizard
while the crowds's roar runs over you like a steam-roller

poetry is to remain bewitched
in a world without magic

Докато

колкото и да си представяш как ще свърши светът
това няма да стане по същия начин
няма да е нито с гръм нито с хленч
само с безлюбовие и с безразличие

краят на света няма да е изобщо край
няма да го усетим по никакъв начин
просто някъде някакъв екран ще угасне
и ще се появи надпис
че връзката е прекъсната

просто някой ден бледите и анемични деца ще озвереят
и ще си купят оръжия вместо игри на убиване
просто някакъв свръхотговорен тип ще се появи дигитално
и ще каже съжаляваме
ресурсите свършиха

колкото и да се представяш как ще свърши светът
няма никакво значение какъв ще е краят
по-добре напиши две-три думи върху водата
и послушай как шуми в тръстиките вятърът

докато още има тръстики
докато още има вятър

Until

how many times you imagined how the world will end
it won't happen in that way
it won't be with thunder or whimper
only with lack of love with indifference

the end of the world won't be an end
we won't feel it at all
a screen will simply dim
and there will be an announcement
that the connection has been interrupted

one day the pale anemic children will fly into a rage
and will buy guns instead of video games
a very important person will appear on screen
and say, sorry,
there are no more resources

however you imagine how the world will end
it doesn't matter how it will end
better write a few words on water
and listen to the wind rustling in the rushes

until there are still rushes
until there is still wind

* * *

гарвани в полето

тук Бог е намерил скришно място
за най-черните си сълзи

* * *

ravens in a field

here God has found a secret place
for his blackest tears

Свидетелят

да
трудно изпълзях от тази зима
и ланската си кожа
трудно сволякох

и затова се чувствам по-сроден
с приятелите камъни
с прелитащите чайки
и тази дълга синева в която
морето и небето се целуват

която все тъй меланхолно ме зове
най-сетне да се осмеля да встъпя в себе си
и да свидетелствам че всичко тук се срива

и да свидетелствам
че всичко е едно

The witness

yes
I crawled out of this winter with difficulty
and with difficulty I took off
my last year's skin

that is why I feel closer
to my friends stones
to gulls flying
to the expanse of blue
in which sky and sea kiss

that sad great blue calls me
dares me to enter myself
and witness how everything collapses

ask me to witness
that everything is one

Игра

както винаги
додето се спихва тялото
анимулата се разширява

обема го
превзема неговите функции
и почва да си играе

Game

as always
when a body collapses
the *animula* expands

enfolds it
takes over its functions
and begins to play

Накъде

водата накъде тече
не знае никой

може би към себе си
към извора

влекат течения обратни откраднатите ликове
и ги възвръщат там
където времето не може да достигне

Where to

no one knows
where water flows

perhaps to itself
to its source

flooding tides drag stolen images
back to the place
where time cannot reach them

* * *

допир на пета до оросените треви
дъх на есенни листа върху запуснат път по свечеряване
вкуса горчив на борова смола

тези усети
които те създават

* * *

a heel's brush against dew-covered grass
scent of fall leaves on an abandoned road at dusk
a pine resin's bitter taste

senses
that create you

Скрити сетива

все подозирам себе си
в недороденост

все още времето усещам
пъпна връв

която край врата ми
се увива

Secret senses

I always suspect
that I haven't been born yet

I always feel time
as an umbilical cord

wrapping
around my neck

Лудостта

тази нощ чакалите се смяха
смяха се над тъмната боязън
с която телата си голи прилепвахме
с надеждата да съхраним звездите крехки
припъплили по мократа ни кожа

днес още чувам истеричния им кикот

дори подушвам лудостта на времето което
разтваря челюстите им
оголва зъбите

Madness

this night jackals laughed
they laughed at the dark dread
with which we joined our naked bodies
with the hope of preserving the fragile stars
crawled on our wet skins

today I still hear their hysterical giggles

I even smell time's madness
that opens their jaws
bares their teeth

* * *

времето е нашата измислица
помага ни да си създаваме истории
които после стават прах крайпътна

или пък пепел
разпилявана от вятъра

* * *

time is our invention
it helps us create stories
that become dust on our roads

or ashes
spread by the wind

* * *

смъртта като врата която
след себе си не можем да затворим

след нас ще дойдат други в този дом
ще окачат лицата си в предверието
ще е излишно всяко запознаване
и тези жестове нелепи със които
са се отъждествявали до този миг защото в този дом тъждествено е
всичко
и всичко е тъждествено на себе си

оголено е всичко в този дом
отворено е всичко в този дом
дори смъртта
като врата която
след себе си не можем да затворим

48

* * *

death is a door
we cannot close behind us

different people will come after us to this house
they will hang their faces in the entrance hall
every acquaintance will be unnecessary
also the inept gestures with which
they identify themselves because in this house
everything is identical
and everything is identical to itself

everything in this house is uncovered
everything in this house is open
even death
a door that
we cannot close behind us

* * *

неродени деца

играят си в пясъка
на третия бряг на реката

* * *

unborn children

play on a river's
third shore

Леко

когато дойде времето да разпилеете
пепелта от изгореното ми тяло
от скалите на Камен бряг

забележи как леко ще я отвее вятърът
сякаш е
цветен прашец

Lightly

when the time comes to scatter
my body's ashes
from the rocks of Stone Shore

note how lightly the wind will blow them
as if they were
the pollen of flowers

Восъчни сълзи

обожавам твоята обич към свещите
в светлината им танцуващото тяло
застиналите восъчни сълзи

изписали мемento мори
с потаен и незнаен шрифт
и с бяло върху бяло

Wax tears

I adore your love of candles
the dancing body in their light
the hardened wax tears

that had written *memento mori*
with secret letters
white on white

* * *

смъртта е вишня
цъфнала е в бяло

ела под бялата ѝ сянка
отдъхни

* * *

death is a sour cherry
blossomed in white

come under its white shade
and rest

II. Много бяло

II. Very white

Въпреки

светлината се процежда през клепачите

Господи
такова облекчение е да отвориш очи
и да видиш че все пак е ден

въпреки всичко
въпреки всичкото тук
дето все ни повива в нощта със стоманени щипци

In spite of

light filters through eyelids

God
it is such a relief to open eyes
and to see that it is day

in spite of everything
in spite of everything here
that wraps me in a night with steel pincers

Палимпсест

погребете ме в огледалото

смъртта да е палимпсест
в който се наслояват

всички предишни образи
всички предишни животи

Palimpsest

bury me in a mirror

let death be a palimpsest
in which are layered

all previous images
all previous lives

in which the unforeseen future
still continues

Свързване

свободата си няма име

тя е тъкан
която свързва

разбралите за какво са тук

Connection

freedom has no name

it is a tie
binding

people who understood
why they are here

* * *

сам си си река и сам си бряг

трябва да преминеш
да достигнеш

* * *

you yourself are the river and the shore

you have to cross
to arrive

* * *

внезапното завихряне на четка с туш върху хартията оризова
малък и кратък прозорец отваря

бихме могли да прогледнем но черното мами
и виждаме рамката не вратата
очертанията не същността

* * *

an inked brush whirls on rice paper
briefly opens a small window

we could see through but for *Mami*
we can see the door frame
the outline but not the essence

Метаморфоза

трябва да се приготвиш
(няма никаква драма в това)

трябва да се приемеш
с всичките непостигнатости

и да поемеш от себе си
по дългия вечния път

чрез който горката гъсеница
превръща се в пеперуда

Metamorphosis

you have to prepare
(there is no drama in it)

you have to accept yourself
with all you have not accomplished

and to begin walking from yourself
on the long eternal road

on which the poor caterpillar
turns into a butterfly

* * *

небето бавно се стъмнява
дъх на дъжд
изпълва въздуха разнищен от песните на птиците
които сякаш че предчувстват струите дъждовни
и затова по-силно пеят

вятърът утихва
свит на кълбо в подножието на света
додето Господ спуска леката си стълба
с която тук при нас отново се завръща
от горния към долния си дом

* * *

the sky slowly darkens
the scent of rain
fills the air unravelled by bird-song
the birds sing louder as if they are having
a premonition of rain
falling in streams

the wind calms
and curls into a ball at the world's foothill
where God drops down his light ladder
by which he returns to us
from his upper to his lower home

Игра

деца сме
използваме като кубчета за игра
тухлите от срутената Вавилонска кула

Game

we are children
we use bricks from the tower of Babel
as our wooden blocks

* * *

блус е тъгата на Бога
на седмия ден

* * *

blues are God's sadness
on the seventh day

Цвят на вишня

зрее в кошерите медът
зрее гибел в телцата пчелни
само спомен са зрелите вишни
с виолетовата им кръв

а какви бяха на цвят цветовете им

все едно
вече втечнен е прашецът
тежък е
гъст е и лепкав
дошло е времето за умиране
мои работни пчелички

смъртта има дъх на дим
вкус на мед има смъртта
и носи бяла мантия

какъв бе на цвят цветът на вишнята

Sour cherry blossom

honey ripens in beehives
doom ripens in bee bodies
ripe sour cherries
with purple blood
are only a memory
what color were their blossoms

all the same
the nectar is already gathered
it's heavy
thick and sticky
the time to die has come
my little working bees

death smells of smoke
death tastes of honey
and wears a white mantle

what color were the sour cherry blossoms

Решетка

устните
няма да се наситят

няма
чашите на сетивата
да прелеят

жадни сме
жадни за истини
за истинност която се добива
само чрез взаимност
само чрез любов

и смъртта е
рехава решетка

цедка
през която
прецеждаме света

филтър е
с който отделяме
трайните от мимолетните неща

Lattice

lips
won't be satiated

senses
won't overflow the chalice

we are thirsty
thirsty for truths
and truthfulness is obtained
only through reciprocity
only through love

and death is
a light-woven lattice

a sieve
through which
we sift this world

a filter
with which we separate
the permanent from the fleeting

* * *

в църквата на тишината няма бог

самата тишина е той
а градивото

с което е създал света преди хилядолетия
е също тишина
дълбинна тишина

и себе си
в неизречимото полагаш

* * *

there is no god in the church of silence

he is silence himself
and the matter

with which he created the world millennia ago
is silence too
profound silence

and you place yourself
into the unspeakable

Бъди

всичко е това
което е

дори прашинка няма да отместиш
въпреки изписаните страници
въпреки напразните усилия

и по-добре го приеми с благоговение
и в него сам бъди
което си

Be yourself

everything is the way
it is

you won't move even one flake of dust
in spite of every written page
in spite of every vain effort

it is better to accept it with reverence
and in it to be
what you are

* * *

има някакво щастие в свършека
той е сетната глътка вино

след което разбиваме чашата
и поемаме бавно в нощта

* * *

there is happiness in any ending
it is the last swallow of wine

then we break the glass
and set out in the night

* * *

ромол на листа сънува сухото дърво
додето вятърът минава равнодушен
през неговия черен йероглиф

* * *

a dry tree dreams of rustling leaves
while the wind passes indifferently
through its black hieroglyph

И това е любов

птица възлита към облака
и това е любов
тежък сняг свежда вейките
и това е любов

търсим се похабяваме се
и това е любов
отгоре ни гледа Господ
и го прави с любов

This is love too

a bird flies to a cloud
and this is love too
heavy snow bends twigs
and this is love

we search for each other
exhaust each other
that is love too
God looks at us from above
and does it with love

* * *

чрез тревите и вятъра
Бог

проговори отколе

какво ли

* * *

through grasses and the wind
God

spoke one time

what did he say

* * *

празна къща

само около гъстия кипарис
пърхат врабчета

* * *

an empty house

only sparrows flutter
around a thick cypress

Спомняне

спомням те в тъмните сенки на ореха
спомням те в урвите и по пътеките
аз все още не бях още малко говорех
бях животно бях жив бях фуния за стичане
и през мене жужеше светът и се вихреше

спомням те сянко и спомням те слънце
спомням те ветре спомням те нощ и
небето протегнато чак до плещите ми
звездите светулките странното съскане
с което едните сред другите влитаха

спомням те утро спомням те паяче
с тънката мрежица одиамантена
спомням те охлюве следите ти сребърни
следвах тогава без ужас от времето
и стигах до процепи стигах до устия

които сред нищото стигат завинаги

Remembering

I remember you under the dark shade of a walnut tree
I remember you in ravines and on trails
I still didn't exist spoke little
I was an animal I was alive I was a funnel
and through me the world buzzed and whirled

I remember you shadow I remember you sun
I remember you wind and I remember you night
and the sky stretched to my shoulders
stars fireflies a strange hissing
as some flew through the others

I remember you morning I remember you little spider
with your delicate diamond-studded web
I remember you little snail your silver traces
that I followed without a horror of time
reached cracks reached estuaries

which among nothingness are forever enough

* * *

стихове се пишат само в самота
когато си загърбен и отхвърлен
когато нямаш никой на света
тогава пишеш с въглен
върху мрака

стихове се пишат само в самота
когато няма плът но още има рана
когато стигнал си последната межда
когато нямаш лист
но имаш камък

и думите вдълбаваш с бегла светлина
и после вече нищо
нищо няма

* * *

poetry is written only in solitude
when you are spurned and forsaken
when you don't have anyone
then you write with charcoal
on darkness

poetry is written only in solitude
where there is no flesh but yet a wound
when you have reached your limit
when you have no paper
only a stone

and you carve words with fleeting light
and then there is nothing
nothing more

* * *

утро е пее авлига
сам през росата вървя
чувствам се като устие

в мен се влива Божият свят
а и аз в него
се вливам

* * *

it's morning an oriole sings
I walk alone in the dew
I feel like an estuary

God's world flows into me
and I flow back
into it

Есенният усет

танцуваща с един елен запален
в очите ти се отразява ясенът

пращи земята като скъсан плат

A fall feeling

as you dance with a burning deer
an ash tree is reflected in your eyes

the earth crackles like a tissue being torn

Завръщането в себе си

да се събудиш внезапно
от дългия сън

и да отметнеш годините
сякаш са влажно одеало

да видиш че съмва навън
да излезеш и бос да встъпиш

в пътеките на росата
да те погалят вейки светлина

да си поемеш дъх и той да е въртопът
който ще погълне изхабеното

да се познаеш отпреди да си роден
и като блуден син да се приемеш

Returning to one's self

to wake up suddenly
from a deep sleep

and to lift your years away
as a wet blanket

to see that outside it's dawn
to step out in bare feet

on trails of dew
twigs of light to caress you

to breathe in and that to be the whirlwind
that swallows the squandered

to acknowledge yourself as yet unborn
and to accept yourself as a prodigal son

* * *

блусът е да си лодкар
да загребваш с весла
водите на Лета

додето някой Дон Жуан някой Дон Кихот някой Хамлет
пренасят в сърцата-гнезда
самотата и светлината

* * *

the blues are the boatman
that dips your oars
in Lethe's waters

until some Don Juan some Don Quixote some Hamlet
carries loneliness and light
into your heart-nest

Вода

някой ден ще дойде и смъртта

като някакъв стар даоист
ще се превърна във вода

ще я приема и
ще я обходя

Water

one day death will come too

like an old Zen monk
I will turn into a pond

I will welcome it
and wander around it

Център

тук стиховете не идват

вместо тях идва вятърът
врабчовците авлигите
пяната на прибоя

тук цикадите са трион
влизат все по-навътре
в сърцевината на тишината

в центъра дреме и моят
ненаписан никога стих

Center

verses do not come here

instead the wind comes
sparrows orioles
the surf's foam

here cicadas are a drill
they enter deeper and deeper
into the core of silence

in the center dozes also mine
never written verse

После

вече няма за какво да си говоря с бога

всичко между нас е вече казано
остава ни единствено да се оставим на забравата
и мълчанието да тече помежду нас

после

няма после
после той ще си е бог
а аз ще съм бамбукът за неговата флейта

Afterwards

I have nothing more to say to god

between us everything has already been said
what is left only is to be left to oblivion
silence should flow between us

afterwards

there is no afterwards
afterwards he will still be god
and I will be the bamboo for his flute

* * *

думите са глина за грънчар

петите питайте
които тласкат колелото

* * *

words are a potterer's clay

ask the heels
that push the wheel

Възвръщане

все някога
всичко ще свърши

и белотата ще те припознае

додето скърцат спомени под отминаващи ботуши
ти ще напиеш менците на тишината
и рязката й хладина ще ти открадне
последния твой дъх

ще видиш нищетата на усилията си
изтичаща през дланите ти пепел

и пуст ще се отпуснеш сред покоя
мечтан подобно стъпка в пухкав сняг

Returning

one day
everything will end

and whiteness
will acknowledge you

while memories squeak under passing boots
you will take a sip from the copper jug of silence
and its sharp chill will steal
your last breath

you will see your efforts' misery
ashes running through your fingers

and empty you will relax in the quiet
dreamed about like a footstep in fluffy snow

Приближавания

в есента дрипавее гората
правя си колиба с покрив от листа
за пътя към смъртта по цял ден споря с минзухарите
нощем се любя с луната
сутрин скрежът
по старите чепици пролазва като ласка
и една какавида ми шепне
ти вече си близо и
ще стане много скоро

много бяло

Approaches

in the fall the forest frays
I make a hut with roof of leaves
and spend the whole day arguing
with the the autumn crocuses
about the road to death
at night I make love to the moon
and in the morning frost creeps onto
my old shoes like a caress
and a chrysalis whispers
you are already very near
it will happen very soon

it will be pure white

Слизайки

слизайки между затворени врати
той си спомняше една отворена за него
винаги отворена за него
сам между затворени врати

мислейки за нея продължи
той да слиза даже и когато
свършиха се вече стъпалата
свършиха се всичките врати

Descending

descending between closed doors
he remembered one door left open for him
always open for him
alone between closed doors

thinking of it he continued
to descend even when
the steps finished
all the doors finished

Все тъй

ще бъдат и подир мен
маковете все така красиви
и все така нашепваща вълната
и все тъй благославящ
полетът на чайката
и всичко ще е както е било
и само преводачите на Бога
ще са намалели със един

Always the same

after I am gone
poppies will remain as beautiful as ever
and waves will whisper
blessing the gull's flight
and everything will remain the same as ever
and only God's translators
will be diminished by one

III. Въздишката Божия

III. A God's Sigh

Йероглиф

трудно е
за отгадаване
трудно е
за разчитане

йероглиф е сърцето
йероглиф от забравен език

Hieroglyph

it is hard
to guess
hard
to decipher

the heart is a hieroglyph
an hieroglyph from a forgotten language

* * *

сняг в морето
тихи снежинки валят
крехка гибел
премрежва пейзажа

хоризонтът е мислена линия

ние сме мислени
хора

* * *

snow in the sea
quiet snow flakes fall
a fragile fate
vails the landscape

the horizon is a thought line

we are thought
people

* * *

по-страшни дори от разпятие
са празните разтворени ръце

на някой
който е понечил да прегърне
но не е имало вече кого

* * *

more frightening than the crucifix
are a man's empty arms

opening
to embrace
the no one there

Част

вятър
птица
плисък на вълна

повече от туй
какво ми трябва

може би да бъда част от тях
с всичко да се слея
да изчезна

A part

the wind
a bird
a wave's splash

what more
do you need

perhaps to be a part of these
to merge with them
and disappear

* * *

остани в любовта
тя е дом

останалото е тъжно скиталчество

което си припомня края предстоящ

но не и загърбеното начало

.

* * *

remain in love
it is home

the rest is sad wandering

that revokes the coming end

but not the spurned beginning

* * *

Бог ходи по ръба и се надвеса
опасно към отвъдната повърхност

която ние
слепи птици
обитаваме

* * *

God walks on the edge and bends dangerously
toward the surface beyond

which we
blind birds
inhabit

Щедрост

плаче сливката
за необраните си плодове
които клоните й тъй дълго
превиваха към пръстта

плаче за изсмуканите сокове
за изтерзаните дървесни жили
и заради предчувствието
че това свръхизобилие
е може би последно

да
навярно
знак на смъртта е всяка щедрост със която
най-неочаквано дарява ни съдбата

и готвещата се за краен скок душа едва тогава
показва пълната си мощ

Generosity

a plum tree cries for
the unpicked fruit
which bent its branches
To the ground

it cries for the sucked out juices
for the tortured trees
and for the premonition
that this abundant harvest
is perhaps the last

as
perhaps
every generosity which fate
gives us is an unexpected sign of death

and a soul preparing itself for the final leap
shows its absolute power

Смях

по изгрев
в стъмнените клони
жълтите джанки
греят

свит в сянката
сляп като къртица
търся смисъла

смеят се

Laughter

at sunrise
yellow plums
shine
on the darkened branches

curled up in the shade
blind as a mole
I am searching for sense

the plums laugh

Неизбежно е

отивам да събирам съчки в гората на дзен

недей да ме чакаш
тихо тръгни
към някаква своя гора

и срещата ще бъде неизбежна

It is inevitable

I am going to gather kindling in a Zen forest

don't wait for me
walk quietly
to some forest of your own

and our meeting will be inevitable

* * *

вслушай се
в бялото камъче

остави го да ти прошепне
остави го да те премълчи
остави го да се превърне
в твое убежище

то ще те съхрани
винаги нещо остава
когато на пръсти преминем
и встъпим
нечути от никого

* * *

listen closely to
the little white stone

let it whisper to you
let it keep you silent
let it turn
into your shelter

it will keep you
something is always left
when we pass on tiptoe
and enter
unheard by anyone

* * *

искам да ти разказвам приказки
докато още ме има

само че сам се превърнах в приказка
разкажи ме

* * *

I want to tell you fairy tales
while I am still here

so I turned myself into a fairy tale
to impart my own

Свободен

чакам в мрака
да се стопи свещта
да се отронят сълзите на восъка

и Бог да каже на моя пламък

свободен си
можеш вече да отлетиш

Free

I am waiting in the dark
for the candle to melt
the tears of the wax to drop

and God to tell my flame

you are free
you can already fly away

Припомнящият се

но кой ще се завърне тук
в напуснатото тяло

въжето в кладенеца стене
тъй тежи
поредното лице което се издига
за да го вбие господ като груба маска
връз късчето от мека
мазна глина

а и какви черти ще устоят когато
неведом го запратят там в началото
на вечния опустошаващ път

ще си припомнят може би единствено петите
тук беше трънчето
тук кремъчето остро
тук зейналата мълчалива пропаст
напусто пърхаше над нея ангелът хранител
напусто се поколеба кракът ми
вслушан в спомена

The one remembering

who will return here
to this abandoned body

the rope in the well whines
the successive face that is lifted
is very heavy
god will pound it as a rough masque
into a slab of soft
fat clay

and what features will remain when
the new body will be sent back to the beginning
of the devastating eternal road

perhaps only heels will remember
here was the little thorn
here the sharp little stone
here the yawning silent ravine
in vane did a guardian angel flutter over it
in vane did my foot hesitate
sensing a memory

Паметни бележки

болката си няма имена
тя нашите изтрива с парцала на забравата
от черната дъска върху която Бог
съдбите ни записва с тебешир

под формата на кратки
паметни бележки

Minutes

pain has no names
with oblivion's rag time wipes ours
from the black board on which
God writes our destinies in chalk

as
brief
minutes

Котешко

как се протягаш котко на смъртта
как мъркаш в скута ми и как объркваш и заплиташ
кълбцето с кървавите върви смътните следи
изсъхналите змийски кожи на годините

как се изгърбваш как издебваш как се свиваш преди скока
как сляга в тебе времето как своя дъх стаява
и как любовно те желае изтощената ми кръв
която помни мезозойските скали
и антрацитените ледове отвъд вселената

как се протягаш котко на смъртта
как мъркаш в скута ми и как расте тревата
как иде вятър и отнася всички цветове
натам където зрее тишината

Catlike

how you stretch cat of death
how you purr on my lap and how you tangle and snarl
the ball with bloody strands smeared traces
the dried snake skins of years

how you arch your back how you stalk how you stiffen
before you leap
how time settles in you how it holds its breath
and how my exhausted blood lovingly desires you
my blood remembering the Mesozoic rocks
and the anthracitic ice beyond the universe

how you stretch cat of death
how you purr on my lap and how grass grows
how the wind comes and carries away all blossoms
to a place where silence yawns

Памет

уповавахме се и се отчайвахме
отдавахме се и се отнемахме
вярвахме се и се предавахме
искахме се и се отвръщахме
палехме се и се изтлявахме
вкопчвахме се и се откъсвахме
създавахме се и се разпадахме

помни ни само прахта

Memory

we hoped and we despaired
we gave ourselves and we took ourselves away
we believed in ourselves and we surrendered
we wanted ourselves and turned away
we burned and faded
we clutched and we tore ourselves away
we created ourselves and fell apart

only the dust remember us

* * *

най-страшното навярно е да помниш

най-страшното е да живееш между сродните
които детството си вече са забравили
додето в теб детето още гледа

самотно
сякаш че от дъното на кладенец

* * *

perhaps the most frightening is to remember

the most frightening is to live among kindred
who have forgotten their childhood
while the child in you still looks

lonely
as if from the bottom of a well

Рождество

още съвсем малко и
ще се роди смъртта

тъй дълго си я зачевал
тъй дълго я носеше в себе си
тъй отдавна всички наоколо
за нея се грижат
виж

креватче кове ковчегарят
край огъня седнала мама плете
пеленките саванени
носят мойрите дарове

и кървавите порти
се разтварят

Christmas

soon
death will be born

you conceived him so long ago
you carried him in your body
for years everybody around
took care of him
look

the coffin maker nails a cradle
at the fireside mother knits
swaddling shrouds
the Fates bring gifts

and the bloody gates
open

Можеш да се загубиш

животът свечерява
няма нищо страшно

тъй дълга верига от спомени мъкнеш след себе си
че можеш спокойно да се загубиш сред тях
и да не забележиш смъртта

You can get lost

life is coming to its evening
there is nothing frightening

you are dragging such a long chain of memories
you can easily get lost among them
and not even notice death

-

* * *

като прозорец светъл е
            животът ни
зазиждаме го с тухлите на дните
и светлината бавно
            изтънява

все по-високо по отсрещната стена
            залезът оставя ален белег
измерва онзи ръст на непостигнатото в нас
            до който с длан не можем вече
да достигнем

* * *

our life is as light as a window
we wall it off with the bricks of days
and light slowly
fades

on the opposite wall the sunset leaves
its scarlet sign higher and higher
it measures the size of things we didn't achieve
and can not reach
with our hands

* * *

зреенето на плода
неговото падане
подготвя

тъй опитът ни отглежда
семената на смъртта

които вдън сърцето
се укриват

* * *

the ripening of fruit
its fall
prepares us

our experience grows
while death's seed

hides
at the bottom of our hearts

Прозирно

в дъното на огледалото
още веднъж

едно лице
което изтънява

стара маска
в която прозират
протърканите места

See through

once more
at a mirror's bottom

a face
thinning

an old masque
where one can see through
the worn out spots

Прошката

а Бог дали ще ни прости
магията
опропастена
от бездиханното живеене
от безлюбовното пълзене

ще ни прости навярно да
но паметта ни
ще остърже
и после ще ни върне пак
съвсем в началото на пътя

и ще повтаряме така
през остри липси
в оскотяване
докато схванем някой ден
че няма как да бъдем мърви

Forgiveness

Will God forgive us
the magic
we ruined
by breathless living
by loveless crawling

he will forgive us
but he will scrub
our memory
and then return us
to the road's beginning

where because we are so needy
we will become
brutish again
until one day we accept
there is no way of being dead

Простено им е

красивите стихове си нямат родина

нямат си даже
ръка за изписване

на красивите стихове им е простено
както на
юродивите хора

They are forgiven

beautiful verses have no country

they don't even have a hand
to write

beautiful verses are forgiven
the way
damaged people are

Чезнене

чезнат линиите по дланите
времето ги заличава

смъртта ги изтегля
нишка по нишка
и ми тъче саван

Господ ще каже
здравей мой ангеле
ти май изобщо не си живял

Disappearance

the lines on my hands disappear
time wipes them

death pulls them out
strand by strand
and weaves a shroud for me

God will say
hello my angel
it seems you haven't lived at all

Когато си тръгнем оттук

когато си тръгнем оттук
скалите ще проговорят
за да кажат това за което
не ни достигнаха думите

когато си тръгнем оттук
ще ни оплачат вълните
ще ни опее вятърът
и гущерчета ще ни спомнят
там където
стъпваха босите ни пети

когато си тръгнем оттук
трионът на цикадите ще стигне до сърцевината на мълчанието
лек повей смесената пепел от телата ни ще разнесе

и никой няма да познае в него
въздишката божия

When we leave

when we leave
rocks will start speaking
to tell the things for which
we didn't have enough words

when we leave
waves will lament us
the wind will mourn us
and geckoes will remember
where our naked feet
stepped

when we leave
cicadas' drills will reach the core of silence
a light breeze will spread our ashes

and no one will recognize in the breeze
god's sigh

Самотно

красотата е самотна

пърхат всякакви нищети
пеперуди край огъня

но красотата е самотна
самотно грее в нощта
самотно в ранното утро
дотлява

Lonely

beauty is lonely

all kinds of miseries flutter
butterflies mobbing the fire

but beauty is lonely
shines lonely in the night
fades lonely away in early
morning

Рождението

очите отслабват
и все по-плътна е
спускащата се пелена

тя се превръща в плацента
и от нея ще се родя

Birth

eyes get weaker
and the descending swaddling clothes
become denser

they turn into the placenta
from which I will be born

* * *

думите
какво ли могат думите

носени от вятъра крилца от пеперуди

* * *

words
what can words do

butterfly wings blown by the wind

Спокойно

кротка е смъртта

като дете
което в полата ти се вкопчва

Calmly

death is meek

like a child
clutching at your skirt

* * *

помни смъртта
защото си я преживявал

и своята опашка пътят ще захапе

и тя ще дойде с бяла
кърпа
от челото ти

ведно с потта студена да изтрие паметта

* * *

remember death
because you have experienced it

and the road will bite its tail

and death will come
with the white kerchief
that covered your forehead

to absorb your cold sweat and
erase your memory

И отново смъртта

тя ни дошла на гости
на прозорчето е почукала

и някой размразил с дъха си
ледените цветя

Death again

he came to visit
knocked on the window

and someone with his breath
thawed the frost flowers…